신(新) 브레인스토밍

천년의詩 045
신(新) 브레인스토밍

찍은날 | 2011년 4월 20일
펴낸날 | 2011년 4월 25일

지은이 | 하명환
펴낸이 | 김태석
펴낸곳 | (주)천년의시작
등록번호 | 제300-2006-9호
등록일자 | 2006년 1월 10일

주소 | (우110-034) 서울시 종로구 창성동 158-2호 2층
전화 | 02-723-8668
팩스 | 02-723-8630
홈페이지 | www.poempoem.com
전자우편 | poemsijak@hanmail.net

ⓒ하명환, 2011. printed in Seoul, Korea

ISBN 978-89-6021-155-1 03810
      978-89-6021-105-6 (세트)

*이 책 내용의 전부 또는 일부를 재사용하려면
 반드시 저작권자와 (주)천년의시작 양측의 동의를 받아야 합니다.

신(新) 브레인스토밍

천년의詩

045

하명환 시집

2011

■ 시인의 말

30년 동안 시를 분출하지 못했다.
그중 20년 동안은 시가 마려운데 어쩌지? 생각만 했다.
글쎄 생업에 꾹 참고 지냈다는 게 솔직할 것 같다.
내 머릴 짓누르기 시작한 나머지 10년
로켓발사 카운트다운처럼 저벅저벅
걸어와 내 속내를 무겁게 밟으며 지나고 있다.
찔끔찔끔 시로 안주(安住) 삼는 나를 비꼬면서
내 生의 분기점에서 오금이 저리다는 말이 실감되었다.
그렇다고 아무 데고 시를 방뇨할 수 없었다.
노상이 될지 토양에 거름이 될지 가릴 줄도 몰라서
더구나 내 은밀한 곳을 다 보여줘야 하기 때문에
어쨌든 주저주저하면서도 한편
정신적 순환을 위해 시를 팡팡 분출해버려야 하지 않을까
비겁한 자기합리화로 나를 몰았다. 본다.
그럴 수밖에 없는 카운트다운 30년이 지나는 지금 제로!
여생 신고 발사!
겁 없이 두렵디 두려운 우주로 시를 쏜다.
내 시가 기름진 거름인지 마음 밭에 뿌려 알아보려는
그 소우주, 당신께

■ 차 례

I

북극을 날아라 —— 11

시력표 눈발 —— 12

특구 —— 13

쓸개 —— 14

새벽 레드카드 —— 16

신(新) 브레인스토밍 —— 18

소문난 지팡이 —— 20

기압골 —— 22

원가와 정가 —— 24

샤프란 저 너머 —— 26

학춤을 춘다 —— 28

내 노래방 높은음자리표 —— 30

수상한 논문 —— 32

글씨 없는 간판 —— 34

연립방정식 —— 36

오케스트라박스 —— 37

하늘을 올인 —— 38

詩 마케팅 —— 40

망나니의 꿈 —— 42

꿈물류유한회사 —— 44

II

양의 탈 —— 49

독불봉황 —— 50

큰 눈사람 —— 52

베란다 달빛에서 —— 54

고구마 꽁트 —— 56

대못 질 —— 58

장외홈런 —— 59

데칼코마니 —— 60

아테나의 턱 —— 62

콩멍석 —— 64

대통령친구들 —— 66

기러기 Song —— 68

도망자 —— 70

인적자원관리 —— 72

행로 —— 74

사과 —— 75

III

가고 싶은 길 ——— 79

오일장터 ——— 81

신호등처럼 ——— 82

제부도 ——— 84

그 강의 끝 ——— 86

폐가에 핀 꽃 ——— 88

심우(尋牛) ——— 89

방귀 ——— 90

귀수(龜手) ——— 91

니 무신 밥 묵었노 ——— 92

메밀묵찹쌀떡(1) ——— 94

메밀묵찹쌀떡(2) ——— 96

그 분꽃 향기는 ——— 98

다시 분꽃은 피고 ——— 102

무거운 찐빵 ——— 104

사진 속에 바람이 ——— 105

지독한 향수 ——— 106

총알기도 ——— 108

내 안에 사는 풍경 ——— 109

■해 설
성찰과 사유의 고전적 힘 | 유성호 ——— 111

I

북극을 날아라

눈엔 흐드러진 봄
머리는 겨울

만년설에 빙하인 마음
북극 같은 몸이다

그래도 이따금
빙하에 스미는 햇살
얼어붙은 겨울의 날개 녹인다

목줄 걸린 四季 거기
그렇게 비상해야 할
내 66.5도[*]

빛 같은 어둠
그 눈부신 백야(白夜)를
연출해두고

[*]가로축 시계방향으로의 지구 기울기

시력표눈발

눈발 분분한 안과병동 시력표
0.1의 4와 1.0의 4는

시력표 안에서 너무 먼 거리
천의 얼굴색센서
눈빛이 4만 터치 될 땐 어둔 밤하늘

4까지도 터치 될 땐 초롱초롱 별빛
얼굴색은 시력 따라 명암 다른 석고상

동상처럼 굳은 채 기다리는 진료시간
제각각 마음속 진료시간

0.1 마음에 몰려오는 먹장구름
때론 영롱하게 빛나는 1.0 자기세계의 별까지
병동 창 너머로? 모두 두둥실?

푸른 하늘시력표 동공에 담는
4만 터치 된 者의 심력시력도 2.0
몽상의 눈발

특구

개발의 바람이 도래지를 강타한다

생소한 사람들이 떳다방처럼 모여들고
황망한 농부들은 날바람 잡는다*
아무려니 이 바람이 허랑한 태풍의 눈일까
떳다방의 창에 찔린 분한 농부의 방패
모순은 헛된 꿈

뚫린 방패는 불도저 같은 바람에 밀리고
땅을 파던 괭이자루는 함부로 부러진다 그저
갈 숲 노래 序曲삼아 뜨던 보름달도 찔려
인간의 조각달이 되어간다
도래지는 그렇게 인공서식지로 침식 되어간다

황사 낀 서식지, 특구로 끝없던 어느 회한의 날
왠지 저기압성강우 충천한 잿빛하늘 위
"축! 친환경특구단지 개발!"

애드벌룬의 플래카드가 펄럭이는 만장(輓丈)이다

*바람이 들어 허랑하게 함부로 쏘다니다

쓸개

 금빛바늘이 촘촘히 꽂혀있는 독도만한 섬이 달도 기운 내 꿈속에 떴다. 태평양만한 꿈 터 한쪽 귀퉁이에 뜬 섬은 눈씨가 야광인 바늘 눈이다. 악에 치받쳐 두리번거리는 고슴도치 모습이 저럴까. 하긴 五大洋을 무인도로 떠돌며 코뚜레 황소처럼 쓸려 덧난 멍엣상처가 오죽했으랴. 동정은 가지만 내 유일한 유토피아에 들어오는 누구든 꿈밖 바람찬 아스팔트로 추방이다. 목에 힘줘보지만 종이호랑이 포효일 뿐. 가위에 눌리던 어느 옛날 옛적 겨울, 프로그램을 자르는 가위도 있다는 잠꼬대포효는 그 즉시 묵사발 되었었다.

 어느덧 꿈속에서 기울었던 달이 차오른다. 도도히 차오르는 달빛에 비친 진실은 꽂힌 바늘이 꽂은 바늘, 거짓은 내가 섬을 추방할 주름을 주름잡는 금빛童顔이라는 것이었다. 태평양바다 속은 이 두 물결로 일파만파 밤새 소용돌이쳤다.

 새벽바다에선 PD들의 카메라냄새가 심한 해풍으로 불었다. 갑자기 캐스팅된 장정 한 무리가 고공투하 즉시 섬에 꽂힌 바늘을 뽑는다. 섬 전체가 울쑥불쑥 요동을 친다. 뽑힌 구멍에서 피고름이 솟구친다. 개성 있던 장정들 얼굴 모두가 피고름일색이다. 야멸치게 구멍을 막는 그들 손가락사이로 빠져 나오는 가녀린 황소 울음소리가 수평선을 넘는다.

수평선 위로 막 떠오르던 해가 신경질적으로 먹장구름을 집어 들고 제 얼굴에 덮어버린다. 왜소한 시신으로 변해가는 무인도에 놀란 구름만 엉겁결에 백지장처럼 변질되어간다.

뽑힌 바늘이 지천인 黎明 흩뿌린 아스팔트, 몇 안 돼는 PD들 가위질소리에 긴 엿가락이다.

새벽 레드카드

새벽이 어느 여인의 한여름 밤 꿈같이 다가오네요
밤을 깨문 그 입술 내 꾹 다문 조가비 눈꺼풀에 입맞춤해요
가슴이 따끔 도미노 된 좌측 뇌는
천장에 열린 덜 익은 목적어들마저 우두둑 따내어
문법이 엉망인 문장만 머릿속에 널브러뜨리네요

아무렴 그런들 어때요
날마다 오는 새벽이 날마다 지나는 신호등은 아니잖아요
에오스(Eos)* 당신의 눈물로 타는 내 모가지 적시고
잊지 못할 어느 한여름 밤
청포도처럼 영글 새벽도 이따금 있잖겠어요?

잘 계시지요? 늘 여전하시지요?
발 빠른 입의 인사보다 더 빨리 어깨를 부딪고 지나도
엘리베이터로 몰려드는 태클 같은 웃음소리
그저 혀 말린 벙어리이고 싶군요
당신의 휘슬소리 염두에 둔 허리우드 액션일까요

아시죠? 누구에게든 레드카드 들이밀지 않는 당신이기에
물밀듯 휩쓸려가는 내 줏대라는 걸, 그래요 이젠
전략적 머리, 아침이슬로 맺힌 가슴 여미고

대문 밖 바벨탑 향해 퇴장합니다

내가 당신께 들이밀 입장의 레드카드 구하기 위해서라도
아니 그걸 위해서요

* 에오스(Eos) : 그리스 · 로마신화에 나오는 새벽의 여신

신(新) 브레인스토밍

폭풍전야 브레인스토밍멤버 여러분 안녕
만 오천 년 전 동굴 속으로 출장을 와있는 나는
어둠속에서 빛에 가려졌던 나를 보고 있기에
이번 폭풍 속엔 두뇌를 휘 뿌리지 못하겠네
대신 동굴 천장에 들소나 사슴 등이 그려진 벽화
그 생생한 묘사나 색채, 입체감의 감동과 함께
내 야생이 튀어나오고 있다는 소식을 안부로 전하네
덧붙여 아래 엉뚱한 소식을 참조⊞ e-mail로 보내네

십년 전 주말마다 새 테마가 우리 두뇌를 혹사시킬 때
최신형 압축파일 두뇌로 광야를 질주하던 나는
광풍 맞듯 e-세계 팀원 자리를 권유 받았지
하지만 그땐 우리들 눈이 태풍의 눈이었기에
내 노우–하우 갈래인 e-압축파일을 한 주말만 제공
유효기일 無인 자릴 고사했지

그게 십년 세월, 이젠 동굴 속 출장이 아니라도
도래지로 날아가는 창공의 철새 떼처럼
매주말 서너 번은 e-세계로 날아가야겠네
고딕한 테마에 아이디어를 들이밀 짬은 고사하고
자진탈퇴인 셈인가 엉뚱하게

그래도 혹시 주말 틈새로 멤버에 낀다면
내 최신형 사유를 깔려나?

자, 그간 뱁새눈이 세월처럼 다사다**망**했던 올해도
여기 석기시대 e-mail로 인사를 갈음하네만
도래할 바이오시대 새해엔 정말 엉뚱한 두뇌폭풍이 거세길
모두 안녕? 짬 내서 여기한번 꼭 다녀가게
아참 여기와 비로소 내 생각을 방목하고 있다네!

소문난 지팡이

가방끈 늘리던 중소기업사장 이 시국 씨
별빛 서린 無功훈장이 달린 최고경영자수료증은
비밀번호가 X Y Z인 플래티늄 로열회원증
맥그리거의 X-Y, 룬드스테드의 Z이론*이 함축된 이 번호는
이 사장이 상아탑에서 잡은 회심의 칼자루성 경영전략

피고석만 있는 구조조정법원의 시국법정에 선 27人
고삐 풀린 망아지 X 꼬리치는 누렁이 Y 얌전한 고양이 Z
세 알파벳을 정수리에 박은 이 재판장
구조식 X+Y+Z=27이라는 공식에
X=4 Y=23 Z=?로 피고들 얼굴을 대입해본다

으음 X가 4라 死…
이 시국에 이 정도면 23명을 위한 思아닌가?
급한 의사결정 땐 더 떠오르는 엄마표 돌다리
삶류 경영학박사인 專務를 지팡이 삼아보았는데
이런 너구리지팡이! X=26 Y=? Z=1이라니 Z가 자기?

할수 없이 반짝이는 無功훈장을 밤하늘에 걸어보던 이 사장
어느 날 가방끈 끊고 아 Korea! 口語사전
사전 속 숱한 口語들과 익숙해진 며칠 후부터

전략적 소문이 회사 내에 애드벌룬이다

"쉬잇 사장이 專務의 짝퉁 지팡이래"

*인간본성이 X는 부정적 Y는 긍정적 Z는 자기 통제적이라는 주장임

기압골

열면 함성 잠든 광장에 밤새 눈보라가 휘몰아친다
광장 여기저기 횡단보도 모양의 플래카드
펄럭이는 구호가 고양이 발톱이다
大寒 설한풍에 발톱마다 매섭게 꽂히는 흰 꽃송이들

폭설이 점거한 광장에 새벽 동이 터온다
구호에 올인하여 광장에 모여들 冬心들
하루를 냉랭하게 점거할 또 다른 폭설이다

밤새 산전수전 다 겪은 멀티비젼 TV
동녘에 플러그 꽂고 확성기 볼륨을 올린다
"여긴 어젯밤부터 시베리아 기단으로부터
떨어져 나온 이동성고기압의 시대가 무너
졌습니다 북서계절풍이 엄청난 습기를 품
고 와 기습적으로 광장을 점령했기 때문입
니다 지금도 계속 맹위를 떨치는 바이칼湖
의 찬 공기로 광장주변은 모든 게 빤합니
다 그렇지만 사람들의 맹세가 양쯔강으로
흘러들어 묘한 기압골을 형성할 수도 있다
고 합니다"

어느 채널이건
몇 십 년만이라는 동화나라 같은 폭설화면
童心에 빠진 사람들이 눈싸움을 하고 있다

그 童心의 장면에 冬心
하늘을 긁는 구호 헛발질 잦은 動心이 된다

원가와 정가

실시간 고심 끝에 시 한편 생산했다
세상에 둘도 없는 제품, 부르는 게 값이라
더구나 공들인 독창적 가내수공업제품
이런 기쁜 상상은 잠시, 고객층과 판로가 걱정이다

원가와 정가 계산을 해본다
재료비로 퇴고용 A4용지와 카트리지는 기본 사양이라치자
숱한 밤 원석 같은 시어를 갈고 닦고
내 영혼이 침잠 내리뒹굴었던 노동의 시간들…
MADE IN HAMYUNGHWAN을 위해 지속적인 고객관리
마케팅활동에 투자한 비용이 차마 대외비 수준이다

그런데도 정가는 내 맘대로 매길 수가 없다
보이지 않는 손에 의해 함부로 매겨진다
막막한 삼라만상에 마음 헤며 쓴 시
신 사유로 제품차별화한 시는 황소부림까지 일었는데
고객층은 고하간에 판로는커녕
중간상 잡지사에게 뽑힌 복권당첨금 같은 몇 만원
바겐세일은 체면유지, 공짜로 가져가도 미소까지 덤이다
아무래도 참 이상한 묻지마 투자다
세상이 술안주 짜장 술이 당긴다

하지만 오늘도 시상과 施賞을 학수고대하며
오뚝이처럼 머리를 곧추 세운다
구구단도 까먹은 마케터 책상 벽 표어 붙은 골방에서

원가는 현실, 정가는 이상? 너머 그 理想!

샤프란* 저 너머

나는 공소시효 말기
도화살 낀 범죄를 저지른 샤프란이다
홍조 띤 여섯 개의 꽃잎과 노란 꽃심지를 가진

숱한 세월 노란꽃불을 헤집고 짓뭉개려했던 세상은
서남아시아에서 온 이 향기와 고귀함을 모른 척 해왔다
그 푸대접이 그럴수록 사방팔방 내 씨를 방사했다
천둥번개가 칠 땐 내 입술은 동백꽃처럼 붉었고
뒷산 때죽꽃 밤낮 피고지고 툭툭 떨어졌다
그럴 때마다 영화각본처럼 하염없이 내리던 밤비는
빈속을 울렁거리게 했다

오랜 긴 밤 내 몸에 고였던 향신료는 모두 빠져나갔다
그간 내게 아무 일도 일어나지 않았는데도
몇 개의 목 타는 계절이 심연으로 흘러가버렸다
오아시스를 찾지 못해 때죽꽃이 혼자 질 때였다

시시포스의 신화!
메소포타미아 사막에서 불사조처럼 날아올라
태양을 향했던 망울진 꿈들이 어제처럼 꽃술로 영근다
꺼져버린 내 심지에 다시 불을 댕긴다

나는 모진 홍조를 다해 동녘 저 너머로 꽃불을 쏜다

*붓꽃과에 속하는 식물로 꽃말은 후회 없는 청춘임

학춤을 춘다

일엽편주 靑鶴 갈바람에 막춤을 춘다
적색신호등 CCTV 울창한 빌딩숲 거리에서
연통(蓮筒) 커녕 연꽃 지당판 칠보등롱 白鶴마저 없는 춤을

뱃머리 두드리는 도드리장단에 맞추어 덩더꿍
황포돛대 올릴 뱃심이야 長江이나
뱃전 세파에 패인 가슴패기
뱃바람에 차올라 헛배로 울렁울렁
꿰양 난 배의 뱃밥 저 우듬지 대나무껍질
이빨에 박힌 금니보다 더 선명한 삶으로 반짝인다

마천루 삿대질 타령장단에 맞추어 덩더꿍
강풍에 실려 온 뱃노래 뱃길 따라 나서고
심한 물멀미에 잊혀져가는 금빛 노랫말들
구릿빛 늪지 공터
잡새들 날갯죽지에 함초롬히 새겨진다

두 장단에 맞춰 빌딩숲엔 남풍이야 북풍이야……
뱃머리 부푼 꿈, 부푼 물거품 항해로
빌딩 실내송, 라디오에 갇힌 추억송이 될지라도
내 격렬한 춤사위 창공을 난타한다

유세 車!
연통을 뛰쳐나와 두 학을 놀래키며
샛강 같은 내 안으로 뛰어들 두 童女를 쫓듯
푸른 늪 하늘에 연꽃 만발하도록

내 노래방 높은음자리표

친구, 오색 오선지에 두꺼운 안경을 벗어 던져봐
허리춤 부푼 높은음자리표가 신기루같이 아른거릴 거야
오롯한 G음 자리에 캐러밴처럼 걸터앉으면
물안개 오아시스, 야자수처럼 서늘한 낙타 다리 뒤태에
사막 같은 우리들 가슴은 푸른 백사장이 되겠지

그 높은음자리표 육봉에 도자 물레 돌리듯 손놀림 해봐
야성의 곡조가 얼룩처럼 백사장 깊숙이 스며들 거야
까짓 침묵으로 닦아내면 그만일 초저녁 얼룩일 걸 뭐
오늘밤도 낙타들은 이 사막 저 사막 몇 개를 건너며
비틀린 십자성호 몸짓에 육봉을 도돌이표 할까
옥타브 한껏 올린 바지춤 여민 바람에
오선지 콧구멍을 모래바람인 듯 여닫으며 말이야

한여름 밤 유성처럼 우리들 춤사위 허공을 가르는 이 밤
정말 미안해 친구
터번까지 벗고 색안경도 껴보았지만
탬버린으로 별 볼일 없는 내 우듬지를 흔들어야했어
무심한 사이키조명이 무채색 속내를 울긋불긋 물들이고
빈 가슴으로 사막횡단 끝낸 낙타들
말끗말끗한 눈빛으로 노래반주기 가사를 지우고 있었기

때문이지

 친구! 이젠 높은음자리표에서 그만 안녕
 아니 우리 만남이 이런 엇박자라면 절교하세나
 저 무채색 오선지에서 내 노래방 곡조가 흘러나오지 않
는 한

수상한 논문

자립형풍차에 관한 논문을 써서 민속학회에 제출했다

방학동안의 일기를 한꺼번에 몰아 쓰는 초등생처럼
요일 날씨까지 어림잡아 뼈만 남은 기억에 살을 붙였다
반복되는 하루일과를 일기장에 채우듯
수상(受賞)한 모교수가 모자이크해 논문을 쓰듯
논문 곳곳에 팔랑개비와 물레방아의 회전력을 언급해두었다

A4용지로 수십 장 되는 논문을 읽는 부류는 컴퓨터 같은 사람들
따라서 본 논문에 대한 요지를 다음과 같이 책갈피 해뒀다

서론: 바람의 힘은 풍차의 날개를 부러뜨릴 수도 있다
본론: 부러지지 않을 날개를 개발해야한다
결론 및 시사점: 거액의 개발비부담에 날개 없는 물레방아가 좋으며
하늘의 바람 땅의 물은 바로 하늘과 땅 차이라는 점이다
향후전망: 팔랑개비의 효과와 회전력도 연구해봄직하다

그러나 이 논문은 뜻밖의 부채바람 때문에 제본이 되질

못했다
 부채를 쥔 학회 사람 몇몇이 입맛에 맞는 양들에게 간식으로 줘버려서
 그 후 나는 江南에서 네덜란드 풍차와 양떼가 있는 풍경화를 구입
 자립형팔랑개비의 우수성을 결론으로 맺기 위해
 그림을 음미, 부채의 기계화에 대한 연구를 하고 있다

글씨 없는 간판

저녁노을에 고개 숙인 장터 간판들
그들의 땀은 비지땀이 아니다
가슴을 그믐달로 치며 흘리는 눈물이다

은하수 물결에 출렁이는 젖은 눈망울
텅 빈 좌판 위를 속절없이 배회한다
장돌뱅이의 술수 높은 높새바람, 시커먼 흙먼지에
넌덜나 눈 감아버린 장터 간판들
좌판 위 검뿌연 염원
제 글씨 잃은 간판들의 빛바랜 그리움이다

오늘밤도 은하작교 좌판에 몰려든 별꽃들
품바타령이 절로 나온다
솟구쳐 올라오는 이 떼거리 신명에
동병상련 견우 직녀
오작교 무지개초롱 그리고 또 지우고
까막까치 땀처럼 흐르는 눈물 손사래 쳐 뿌린다

뿌려진 가랑비에 씻겨 부연해진 염원
푸른 날개 부비며 쌍무지개 창공을 치오른다
신명난 케케묵은 간판

숱한 세파 모질게 견뎌오다 쳐든 고개
아궁이속 같은 얼굴, 여명으로 벅벅 문지른다

아침노을에 제 글씨 내민 간판들
사방팔방 별꽃 풍각쟁이 금박 뜬 얼굴이다

연립방정식

내 삶은 정답 없는 3원1차 연립방정식
산다는 게 뭔가는 X 내 존재의 의미는 Y
이외 우수마발의 생활은 Z

사유로 구하는 이 문제풀이는 生의 시험지에 옮겨 쓴 답안

꼭 그 시험지가 누렇게 뜰 때가 아니더라도
참으로 어느 교교한 시간이 흐른 후의 지금처럼
그때도 내 無慾의 다이모니온이 검산한 결과일
방정식 모두를 만족시키는 미지수 각 치(値)의 값은

X도 빵
Y도 빵
Z도 빵
빵 빵 빵이다

아무려니 내 삶에 뜬 보름달 같은 마법의 빵(○)

오케스트라박스

'제1회 전국 어린이 名山 메아리 독창대회'

산신령님 축하드립니다는 말 대신
달뜬 소리맵시에 맞춰 연주한 능글맞은 너구리들
재주부린 악보에 내 덧댄 불협화음의 곡을 드립니다

푸른 산맥의 나라에서 음정박자가 어찌? 라고 하시면
오케스트라박스 앞에서 뭣도 할 수 있지요
가끔 기립박수
환호에 찬 관현악단의 연주에서
童心의 메아리만 절정이었지 않나요
그러니 내년에도 대회를 개최하실 요량이라면
무반주 제1회 전국 어린이……플래카드는 어떨까요

반만년 태양이 뜨고 지는 우리들 名山
무대 위, 자연교향악 같던 그 동심들이
오선지위에서 비틀거리네요

산 신령님의 산에서
살 동심이 독창에 찔려서인가요

하늘을 올인

아틀란티스에서 포커 판을 벌린 너와 나
밤새 사랑과 미움을 저울질하며
엎누르고 메어치다 서로 힐끔거린다
이드(id)로 합성된 천사와 악마의 얼굴
서서히 이 세상 연옥에 담금질 한다

새벽의 여신이 산봉우리 여기저기
꽂아둔 여명의 햇살 묶어 만든 은빛 붓으로
칠한 얼굴이 뜬구름 뜬 흑갈색인데
너와의 행위는 야릇한 승부, 연장전 낌새다
그러나 포커 판은 어제 아침처럼 일단 접자
연옥에 머물 우리의 뜨거운 맹세를 위해
한낮의 난 광대놀음에 주가조작까지 한다

폭염이 잡아끈 소돔의 거리는
황금에 개 같이 발정난 내가 한바탕 벌린 춤의 행로
이사 다닐 때 꼬리치며 따라 다니는
강아지形 중절모자를 종일 눌러쓰고 다녔는데도
일사병 꼬락서니 이런! 거렁뱅이 우우
두통에 다 털린 본전생각 때문인가
벌써 내안에 기어든 맹독 같은 저 천국의 밤

달무리 진 하늘에 치매 걸린 별들을 흩뿌린다
손놀림도 얄미운 1류 노름꾼 포커 패 돌리듯

그래, 오늘도 별빛 빼곡한 하늘을 올인
이 밤과 한낮에 하던 춤을 춰보자
아틀란티스의 그믐달을 휘영청 노려보며
대서양의 흰 파도를 에이스로 잡고

詩 마케팅

 김남주시인의 詩 "여러분 일어나주십시오…….대지에 무릎을 꿇을 줄밖에는 몰랐습니다……" 오월 그날이 다시 오면 後 20여년, 그동안 우리 여러분께선 자알 일어나셨나 궁금하네요

 네에? 그 시절 일어나신 결과는 국회도서관에서 관련서적을 대출해보라구요? 글쎄요 주민등록증을 제시하는 곳이라서 아참 그냥 바퀴벌레처럼 대형서점만 돌아다녀도 감잡히겠네요 구시대 여러분은 서점의 고객관리팀에서 시장세분화해둔 데이터베이스니까요 시집한권 안사는 디지털고객층으로써 말이죠 근데 라이프스타일이 정보화된 마케팅4P's시대에 여러분께서도 데이터베이스에 이미

   Product는 PLC*도표에서 나리 나리 개나리 같은 경쟁심한 성숙기의 재화
  Price는 떴다 떴다 비행기 같은 자칭 고가격
  Place는 산골짝에 다람쥐 아기다람쥐 같은 텔레마케팅 관리대상
  Promotion은 따따따 따따따 동네 안에 제일가지요 같은 광고주
  Service는 퐁당퐁당 돌을 던지자 같은 캐릭터, 이 같은 소

비자집단으로 저장된 것쯤은 아실걸요?

 네에? 모르실거라구요? 그렇다면 다시 그 같은 무릎을 꿇은 후……일어나서서 이젠 태극기 걸린 고층빌딩을 향해 차렷! 일동경례!(제각각 전략적 몸짓으로) 뭐라구요 엉? 마케팅시대의 고객답게 쉬어! 자세로 묵념하겠다 그러신다구요?

---

*product life cycle(제품수명주기)의 약자. 도입기, 성장기, 성숙기, 쇠퇴기로 구분됨

망나니의 꿈

전옥(典獄)에 갇힌 내 망나니에게 한밥을 잔뜩 먹였다
배불러 모가지 베는 기분
한밥 식곤증에 중독되어 나이스 굿
히히 그간 풀 베듯 벤 홍시 같던 얼굴들
배짱 돋울 칼춤을 위한 돈덩이들일 뿐

헌데 이상타? 종로길바닥 오늘의 허아비! 홍시가 없다
맥없는 구경꾼들 죄인! 죄인! 외치며 동전 쥔 손을 힘주어 흔든다
동전냄새가 이들의 입 냄새 못지않다

흥! 이런 구경거리라면 홍시 몇 개 따는 건 각본도 아니겠지?
속참행하*로 받은 돈 등쳐 고리 뜯는 재미도 쏠쏠할 테고
그럼 그렇지! 어느새 길바닥에 무릎 꿇려 나온 허아비
휘둥그레진 구경꾼들 눈에 비틀거리는 눈부처
짐짓 뱁새눈에 돈머리 또 돌리고 있는 종사관, 포교, 포졸들
일자입술에 고인 침만 꼴깍 삼키고 앉아있다

난 억울해 저들이 뽑은 저승사자인걸
저들의 누에로써 한밥 채운 이 시간

어느 누가 이런 날 개망나니라 했나 푸념은 꿈
냉천(冷天)에 칼날 갈아 술김에 지랄하고 물로는 오색무지개 쫙 뿌린다

후려치는 작도(斫刀)에 내동댕이쳐진 돈덩이
뒹구는 종로길바닥
히히 꿈 많은 저들 카멜레온의 헛바닥이다

*사형수의 친척이 사형수를 속히 죽여 달라고 애원할 때 망나니에게 주는 돈

꿈물류유한회사

자폐증 깊어만 가는 창공을 벤치마킹 한다

날빛 보관창고관리 계약직간부로 사령장을 받은
회사명은 꿈어린물류유한회사
소재지는 삼라만상
우주의 時空세계에 드리운 블라인드 홀
근무조건 연중무휴 24시간 고립된 외딴 직책
창고 관할 老박사 파우스트

주 업무는 거기 틀어박힌 몽상을 분석하고 보관
잉태된 꿈엔 유통기한과 폐기처분 날짜를 기획 공고
고객관리함
꿈에 대한 A/S는 없음 단, 신규 다운로드 무한 가능
유성처럼 거쳐 가는 별의별 빛 창고보관료 처리는
바코드에 눈물 한 방울 긁고 가면 완불수납 OK

이젠 중중의 어둠인 곳보다 더 까만
장막 속 저편
벤치마킹되어 개똥벌레처럼 반짝거리는
별, 꽃, 달, 바람, 비취빛 하늘풍선 같은 유채색단어들은
가슴속 응어리로 아롱져

천재성을 가진 자폐아 서번트신드롬의 씨앗들로 여문다

야근수당 한 푼 없는 오늘밤도
뜬눈으로 일궈낸 장삿속 세상밭 내 자투리땅에
흩뿌려져 아린 삶 그 흔적으로 발아할

양의 탈

들키지 않게 철저히 써라
떨어져 탈나지 않게끔

그래도 양심이 다이모니온을 흔들 때면
갈대처럼 흔들려보라
날벼락 맞아
시커먼 철가면이 들통 나기 전에

문득 그날이 오면

살가죽에 붙어있던 탈은
더 이상 가면 아닌
얼굴이 되어 있을 것이다

어차피 인간의 육신은
뼈에 붙은 살점이 아니더냐

독불봉황

어느 한 여름 그믐밤, 개에게 쫓기던 닭
독수리좌 선명한 지붕위에 오른다
사실 얼마나 오랜 시간 기다림인가
퇴적된 오음(五音)소리 오색빛깔의 나를 찾는다

나를 쫓는 저 티라노사우르스* 같은 개
언젠가 한번 물렸던 허벅지를 만져본다
어림없지 지금은
넌 허공에 그린 바둑판 화점
울대 없이 목젖 그르렁대는 개일 뿐

이 한바탕 개꿈 같은 일이 뭘까
너의 이드(id)에 쫓겨 올라온 지붕에서
오동나무열매 먹고 예천(醴泉)을 마시고
동물원 돌듯 내안의 울(鬱)도 돌며
굽이굽이 은하수 우러르고 있는

한세상 모두 하늘 아래인 걸
놈이 내게 원하는 건 닭장의 닭 꼴
내 울에서 자라는 봉황 몽땅 던져주지
봉 잡은 날개 뜯어달고 날아 와봐

내가 날아갈 용솟음치는 은하수 가운데까지
네 生의 굴레에 꼬인 꼬리 쫑긋 세우고

*백악기후기의 가장 공격적이며 포악한 육식공룡

큰 눈사람

비 내리던 동지섣달 밤 휘이잉 찬바람에
취객 된 싸라기눈 紛紛한 내마음속을 싸댄다
겨울요정들의 폭죽놀이를 술주정으로 착각했었나?
넓은 앞마당에 쌓인 눈이 지난밤 내 속내완 달리
설렘에 덮여 반짝이는 신기루뭉치이다
예나 지금이나

호기심에 처녀림을 밟듯 마당을 꽝꽝 밟는가
뽀드득 소리가 요술램프인 추억을 문지른다
아련한 연기 속에 나타난 램프 속 황소만한 하인요정
두런두런 함께 눈사람을 만든다
뒤꼍 자투리 채마밭까지 돌며 몸통과 머릴 만들고
아궁이 속 장작 숯 쪼가리로 눈썹, 눈, 코, 입 붙이고
누구에게 한 번도 빌려줘 본적 없는 귀마개도 씌우고
자치기막대기로는 두 팔을
장독대 조약돌은 몸통 가운데에 단추로 박고
마지막으로 팽이 끈 풀어 벙거지까지 씌운다

드디어 완성된 그 큰 눈사람, 기쁨도 잠시
램프 속으로 빨려 들어가는 하인을 보는 난
부루퉁한 부룩송아지가 된다

한마당 마당 굿처럼 지난시간이 바로 앞인데
먼 옛날에나 뭉쳐본 것 같은 똑같은 흔적 찾아
초점을 맞춘 눈이 휘둥그래진다 아니? 눈사람이 없다!

마당엔 싸락싸락 다시 내리는 싸라기눈

베란다 달빛에서

어느 주말초저녁 주마등 환히 켠 거실에 누워
흘러간 옛 노래 몇 소절 흥얼거리며
칡처럼 질긴 시간을 토막낸다
눈감고 흥얼거리는 내 옛 노래 따라
울쑥불쑥 떠오르는 무성영화장면 같은 기억들
레이저 픽업이 한 곡을 재생해내는 2~3분 동안
거친 바다 뒤집히듯 헝클어지는 이삼십년 전 기억의 압축 파일

응축된 파일속 단어들은 미래파 시어처럼 변화무궁해
　동요를 부를 땐 대통령 과꽃 누나 장군 어머니 고드름 분꽃 장수풍뎅이
　가곡일 땐 여고생 폭풍의 언덕 하얀 손수건 고교모자 조각달 은빛모래
　유행가일 땐 똥집 포장마차 이별 만남 뚝방길 응원가 춘천호반
　팝송일 땐 닥터지바고 팝콘 이사도라 내일을 향해 쏴라 음악다방 등등
　겹쳐 묶인 싸리 빗자루 되어 가슴을 쓸어내린다

노래가 쓰린 듯 곪아 아린 듯 앓는 소리로 들렸나

소독약! 같은 둥지동지들 몰려와
종합비타민성 항생제를 먹인다
주문 섞인 항생제에 주마등은 가물가물 꺼지고
TV드라마 '엄마가 뿔났다'에 받히기까지 한 나는
막무가내로 베란다에 퍽! 떨어진 내 뿔을
한물간 호랑이 눈 뜨고 수의사처럼 어루만진다

뿔에 받혀 또 그렇게 어루만져도
CD플레이어처럼 뒤로 돌려 찾고픈 아련한 시간들…
달빛 탄 열애편지 희끗한 테 두른 달에 엉큼하게 되돌리며
만져도 만져도 때 묻지 않은 어제의 꿈 한마당 뭉쳐와
온갖 함정 도사린 오늘의 턱을 퍽! 한방 먹인다

고구마 꽁트

집에서 회사 일을 하다 출출해졌다
고구마論을 열강하던 아내
똥배 나온 나를 경계해 클릭, 처방한 알뜰다이어트 식품
사이트를 통해 배송 받은 고구마 한 박스

아내의 새벽 잠속으로 뛰어들 냄비 소리
라면 조리에 놀라 뛰쳐나올 아내 에구우!
내겐 관상용이던 삶은 고구마, 뚝 잘라 반만 먹는다
제주도에서 처음 재배한 고구마 맛을 어떻게 아뢰었을까
영조와 조엄대감 검색창에서 튀어나온다

시큰둥 한입 문 나는 야자타임의 조 대감과 영조
맛은 있는데 생긴 게 좀 뭐해
뭐같이 생겼는데?
굵은 거시기
가끔 엉큼한 거?
아니 굵은 똥자루
뭐! 백성들이 평생 꿈꾸다 만다는 돈짜루?
나머지 반 토막
불그레한 옷에 덮인 노릇노릇한 예쁜 속살
왈칵 한입 문 나는 이젠 영조와 조 대감

못나고 투박한데 은근히 달고 끈기 있군
그렇지? 백성처럼

늘 아내와 만드는 바쁜 아침, 오늘은 색다른 출근인사
여보 고구마처럼 갔다 올게 맛있는 백성 구워삶아둬

대못 질

일방통행 편도 1차선도로

바퀴 같은 수족에 뾰루지처럼 못이 박혀있다
펑크 없이 세상 풍경 좇아
수억만리 용케 주마간산 지나온 길

저 앞길에 편자가 되려나 세월에 씻겨 쓸린 못
뿌리는 내 몸 중심까지 뻗어있다

앞길은 수억만리 굴러온 힘 뭉쳐져
쏠린 용기로 가는 관성의 행로
愛물단지 못을 더 악물고
밀림 속 말처럼 달리련다
42.195km 목적지에 도달하듯, 훗날
털털털털…… 멈출 땐 다 털고

가슴 한 귀퉁이에 박힌 대(竹)못 펴
지나온 절경 한 폭쯤 하늘에 걸고 싶다

장외홈런

노닥노닥 살다보면 속담처럼
기워도 비단걸레, 기워도 마누라 장옷인가

아무려나 나는 백넘버 108번
시도 때도 없이 타석에 들어서는 야구선수
그때마다 속도까지 유성처럼 날아오는 변화구에
콧등에 맺힌 땀방울까지 휘두른다
안타! 홈런 욕심까지 내며

횟수제한 없는 야구장
운명팔자 뿌릴 투수는 홈플레이트 노려보고
내 피땀에 번들거리는 배트는 염원방망이
따악!
따악!
어쩌다 창공에 그려지는 멋진 포물선 흔적

그러나 때론
누군가에 내가 제대로 맞아
과연 저 너머 피안
장외로 훌훌 날아가 버리고 싶다

데칼코마니

학생들이 밀려간 빈 강의실 블랙보드
조금 전까지 교단 앞을 서성이던 내가 보인다
가방에서 나와 희로애락으로 짜깁기 된 얼굴
손에 들린 머릿속 무채색 지식
유채색 지혜로 바꿔보기 위해 마술을 부리고 있다
시계추처럼 흔들리는 넥타이가 경망스럽다

초창기 교단에 서면 첫사랑보다 더했던 부끄러움
여울져 흐르는 당찬 세월에 부스러져갔어도
눈초리 부신 무대 후엔
아직도 땀에 젖은 백묵가루가 내손에 하얗게 묻어난다
그래도 하얀 선 그을 백묵으로
칠판 같은 가슴에 울대처럼 박힌 심지(深智)가
내 몸 어디엔가 조금은 꽂혀져있긴 했나보다, 아무렴

산다는 게 내 위에 나를 덧대는 모자이크 시간

그 시간표 따라 강의실로 밀려오는 꿈에 젖은 발자국들
발걸음을 돌리는 나와 우연히 마주친 눈빛
눈망울 속 저편 은빛초롱 눈길들, 포즈, 재잘거림
정규차선이든 갓길이든

어디선가 본 듯한 한눈에 익은 데칼코마니

아테나의 턱

지식의 동반자
내 가슴속 울림인 여린 아테나
골 깊은 턱진 삶의 천왕봉을 오르려
산행준비
대문을 나선다

턱 떨어진 개 지리산 치어다보듯
한걸음 또 한걸음
해 넘는 턱-마루 넘으며
턱도 없는 턱걸이 턱짓 아랑곳없이
슬기로운 턱주가리 씰룩
삶의 高地 42.195km정상이 바로 저기

마라톤선수처럼 턱턱
정상에 머물 짧은 시간을 위해
한발 또 한발
턱-마루에서 산꼭대기까지 오르는 길목마다
벼린 꿈 턱끼움 질
들숨날숨 악문 턱에 턱진 아테나

푹 삭은 내 生의 서고에

턱진 한권의 문고판으로 꽂히리

콩멍석[*]

엿장수 가위질에 여러 갈래 토막 나는 장날
장삿속 머리들 주먹구구식 센서로 실시간 작동 중
흥정소리 왔다갔다 발 빠른 입심에
좌판은 세상에서 가장 낮은 협상테이블

좌판 위 완두콩 강낭콩 울타리콩 콩들…
마파람 손바람에 가슴이 콩콩
굳게 다문 비닐봉지 검은 입 헤벌리고
낯선 손에 이끌리어 초행 길 떠난다

남은 떨거지 콩도 가슴 콩닥 콩
한 뱃속 콩꼬투리 찢겨나간 머릿속
콩깍지 올망졸망 푸른 꿈
좌판에 앉아 조는 노파의 손톱에 물든다

눈꼬투리 처진 떨꺼둥이 콩
가슴앓이 맷돌에 갈린 콩가루, 뜨거운 숨에 콩떡이 되고
노을도 구부러져 꼬깃꼬깃한 나날들
늘 개시 같은 떨이의 숨, 팔고 받은 헌 지폐에 접힌다

물것에 물린 콩멍석 속마저 부르튼 몸

가슴 콩닥 콩
찧다 찢어 세파에 더 둥그레진 콩

*물것에 물려 살가죽이 부르터 두틀두틀한 것을 이름

대통령친구들

어릴 때부터 나는 왕 눈깔사탕 빨아먹듯 친구 사귀길 좋아했다
그래서인지 역대 대통령과 동명이인이 모두 다 내 친구다
初等 땐 이승만 윤보선 中等은 박정희 최규하 전두환 노태우
高等은 김영삼 김대중 그리고 대학 땐 노무현 이명박
이 쟁쟁한 친구들이 빛바랜 학교 앨범 속에서 자못 엄숙하긴 한데

큰 이름답지 않게 밥벌이가 영 각각이다
승만이는 부도위기에 놓인 벤처기업 사장 보선이는 서류상 청산법인 중역
정희는 불도저 第1도매상 두환이는 엽총 등 각종무기 총판매상
규하는 두환이 회사의 고문, 태우는 정수기회사의 영업부장
영삼이는 멸치건어물공장 사장 대중이는 웅변 논술학원 원장
무현이는 럭비공 제조업자 명박이는 거짓말탐지기 중개수입상을 해 먹고

살며 살아가며 분기점이 있을 땐 하나둘 내 가슴속에서 여울져간다
결혼식에 오지 않아서, 동업하다가 괜한 오해로, 생각이 달라
부모 문상에 오지 않아서 등등 사연과 탈도 많은 旅路로 갈라져도
5월 낙엽처럼 해 저무는 날이면 괜스레 불러보고 싶은 대통령들아
아버지 부르듯 때론 사이좋은 장형을 만난 듯 묘해져 수심 깊은 밤
등 굽은 허리에 통증이 심할 때면 목청껏 너희들과 수런거리고 싶은데
등나무 같기도 한 친구들에게 기대어보고도 싶은데 신기루였나

한때는 내게 기쁨을 주고 혜성처럼 빛나던 내 친구 대통령들
앨범 속에서만 환하다

기러기 Song

거위친구들 안녕, 개똥밭에 굴러도 이승이 좋다는데
변변한 밭 한뼘 없이 이십년 정든 풀밭을 떠나네
길들었던 야생기러기가 알수 없는 호수로 날아가는 거지
그동안 자네들과 지낸 소중한 시간
내 밭을 일궈내기 위한 길고 긴 스무고개였네
한 묶음의 추억은 두고두고 내 마음속 쉼터가 되겠지

알고 있지 친구들? 뒹굴고 있는 밭이 자기세계라는 거
우리가 어느 개똥밭을 구르든
가슴은 늘 야생기러기 아닌 오리의 마음
何如歌에 길들여져 있는 한울타리 거위들이라는 거

친구들, 기러기목 오리과 습성이 뭔가
거친 먹이 잘 먹고 맹추위에 강한 거지
노심초사 즐겁고 희망찬 나날들 꼭 누리길
아무 탈 없이 울며불며 풀밭 잘 지켜나가길 비네

내가 가는 곳은 낯설지만 여기 냇가보다 넓어서인가
제 발목을 잘라주고 편하게 지내는 친구도 있다고 하네
호수에 가서 궁금증이 풀리면 연락함세
카스피해처럼 넓고 바이칼호처럼 깊은 침묵

그 실마리를 물질해보세나 안녕

도망자

송별식을 끝낸 다음날은 평소보다 더 가슴이 두근거린다
어제부로 굿바이 없어진 동료의 빈자리
직장생활 20여년, 꼭 있어야만 할 사람이라 자부하며 다녔건만
툭하면 회사 내에 뭔가 불안 조장하는
안개 속 흐릿한 이 그림자 같은 실체가 뭘까
화들짝 놀라 뛰어기면 뛰어간 만큼
내 심장을 압박하고 유령처럼 달아나는 그 무엇

걸어서도 뛰어서도 잡을 수 없어 새우잠 든다
열 잔의 블랙상념을 마시고 두툼한 생존경영전략을 베고서

눈앞에 펼쳐진 수많은 용어들과 문장들
머릿속에 들어가 자음모음의 소용돌이로 만들어진 붓은
열 폭의 낙관 없는 무채색 산수화를 그린다
험한 산 휘도는 강 노송 안개 바위 강촌마을 구름 촌부 폭포수
낙조까지 그리다보면 어느새 나는 산수화속을 떠다니는 도망자
천둥 번개 우박 폭풍을 유유히 품는 구름에서 떨어지기도 하고

천길 낭떠러지 폭포에 빠져 허우적거린다

그렇게 열 잔의 차를 마시고 경영전략 책도 통독했는데
참 이상타
가시거리 1km는 안개라고 한다는데 내 가시거리 불문
안개망사 세상 오늘도 누군가에 쫓겨야한다

인적자원관리

박인환 시인은 저 유리창 밖 가로등 그늘의 밤을 잊지 못했다
그 가로등 불빛은 내 마음속 시너지 등불
오늘저녁 만나야할 보름달 같은 얼굴들을 비춘다
심연에서 깜박일 땐 정철 시인 불러내는 비상등
"강호애 병이 깁퍼 듁님의 누엇더니 관동팔백니에 方面을 맛디시니"
한때 내게 관동별곡은 마음속 심지
타오르는 푸른빛 生이었으나 불빛은 점점 시간 속으로 사위어갔다

만날 사람과의 동영상이 멈칫멈칫하는 오늘 같은 날
박인환과 정철 시인이 오버랩 되는 머릿속 저 건너 무대
나를 진두지휘하는 검은 그림자가 서있다
빈 오선지에 내가 만나야 할 사람을 음표처럼 걸어놓으며
지하철 창밖 가로등 그늘은 이 음표들과 한판 아우르는 악보가 된다
정중한 인사 악수 후 절도 있게 명함을 주고받고 식사와 함께 술잔을 기울이며
오늘밤이 저물도록 흔들리는 도시를 순회해야 할 것이다

이 역은 금정 금정…명동까지 가실 분은 4호선으로…
편두통을 앓는 환승역으로 몸이 가까스로 빠져나온다
네온사인이 요란한 도시를 향해 1호선은 사라져간다
이내 듁님에서 일어난 몸, 사연 빼곡한 4호선에 다시 꽂
힌다
저 그늘 한 뼘 없는 명동의 方面이 멱살을 움켜쥔다
멱살이 느슨해질 즈음
오선지에 걸어둔 인물 중 몇 사람은 나와 화음을 이루었고
나머지 몇 사람은 오선지 밖으로 나가떨어졌다

만취해 듁님으로 U턴하는 머릿속 그림자
내일은 오선지에 누굴 걸어야하나 갈지자로 궁리중이다

행로

매일 밤 북극의 거리를 지나야할 내게
에레부스*의 부음소식이 들려온다

중증치매에 뭉텅 잘려나간 주마등같은 불빛으로
내 다이모니온은 추모의 심정을 지핀다

어쩌면 내 심연의 가슴속에선 등불인 천사
겉으론 악마인 어둠의 지배자여
하지의 백야는
막다른 빛이 수놓은 하얀 죽음들
삶을 위해 질러가야할 설원의 심장이지 않는가

하지만 왠지 문상객일 동안
만년설 위에서 나는 갈지(之)자 걸음

*그리스로마신화에 나오는 어둠, 암흑의 신

사과

사과를 놓고 시 한편 써보기 위해 끙끙거렸다
몇날며칠 머릿속이 잘 익은 사과처럼 붉게 물들었다

마음에 드는 첫 문장을 얻기 위해
이브와 아담 금단의 열매 등을 나열해 보았다
백설공주와 일곱난장이를 현대판 계모여왕이 되어 생각
해보았다
스피노자의 사과나무 한그루에 각종 희망을 걸어보았다
여전히 막막한 사과
종교 의학 과학 문학 등의 자료수집도 했다
책상위엔 사과 자료가 A4용지 20장 넘게 쌓여갔다

"매일아침 사과한쪽이 장수비결" 글귀만 떠올랐다
베란다에 있는 사과상자가 생각났다
문득 밤에 먹는 사과는 똥이라는 글귀에 주춤했으나
타는 목을 축이는 한모금의 감로수로 여기고
반짝이는 붉은 똥을 한입 베어 물었다, 그런데
한동안 베어 물었던 사과를 물끄러미 봐야했다

겉과 속이 사과 같은 나라니!
미처 덜 익은 생각으로 머릿속이 파랬다

가고 싶은 길

마음지도 접혔어도 못내 가고 싶은 길
아득한 저 푸르른 동쪽 벌

잦은 강풍 폭우에도 새아침 맞을
탱자나무 울타리 집 짓고
별꽃밭에 숨어버린 해맑은 얼굴들
그믐밤 별 헤듯 찾아보았으면

철따라
개나리 맨드라미 달맞이꽃 분꽃 채송화 들국화……
별빛 탄 내 노래 꽃인 듯 함께 피어나면
초롱초롱 쩡쩡한 밤하늘만 골라
앞마당에 한 마지기 들여놓아보았으면

수만리 싸리울 고향집 같은 길
어쩌다 지나는 길손 있으면
풀벌레소리 가사에 이슬 젖는 내 곡조 엮어
풀내음 한 상 가득 차려내고

깊어가는 삼경 달무리 지는 굴절의 밤

홍두깨 가슴으로 하현달 밀며
흉내 낸 바비큐나마
쪽마루 휘영청 달빛 버무려 구워내고 싶은데

손에 닿지 않는 길
지도 속 저 너머 웃자란 하루
오늘로 수확하고픈 덧없이 부서지는 날들이여

오일장터

언제 어디든 찾아가고픈 오일장터

가는 날이면 어릴 적 헤집던 놀이터인 양
구석구석을 빙빙 돌고 도는 내 발길
물건이야 백화점과 비할 순 없지만
거기엔 분명 그리운 그 무엇이 있다

은은히 흐르는 클래식 팝송 대신
짤깍짤깍 정겨운 엿장수 엿가락소리
세일! 세일! 귀 따가운 마이크소리 대신
골라! 골라! 손 박자 흥겨운 삶의 목소리
마네킹같이 깔끔한 점원은 아니지만
좌판 물건만큼 초라하고 소박한 모습

저녁놀에 각종 분장 지우는 낯익은 얼굴들

그런데 무엇보다 그곳에 가면
주름진 엄니 아부지 얼굴이 있다

신호등처럼

첫눈 펄펄 내리는 종로 2가
물고기처럼 펄펄 살아 너울대는 길
탑골공원으로 다가올 너를 향해
총총 발길 머문 나도
저 연인들 흐름에 곧 함박꽃 띄우겠지

어느덧 첫눈은 싸라기눈
외투에 떨어지는 알갱이 눈 훔칠 때마다
애꿎은 시계만 다발 눈총 맞는다
목 뺀 가로등 그늘에 선 삐죽 그 모습
기다림이 얼마나 긴 시간인지
3.14159 제자리
둥근 발자국 찍어본 사람은 안다

그래, 막차처럼 떠날 내가
환승역
초행길 나그네일 줄 모를 거야
따가워지는 햇살 같은 네 얼굴 그리며
해바라기처럼 까매질 내가 아니지
의연한 삼일문에서 곱씹어 다짐해도
왜 이다지

아우내장터인 마음속 조바심은

제부도

겨우내 바닷바람 휘돌던 제부도에 봄비가 내린다
뻘낙지 같은 삶이 봄을 맞는 갯벌
굽이굽이 줄애굽기 물길 같이
탯줄로 연결된 육지가 물안개에 아른거린다

탯줄 따라 수시로 오가는 자동차들
섬은 잠들지 못한다
물길초입의 파수꾼 매바위
겉 자궁에 누군가 켜둔 촛불
놓고 간 몇 개의 기도가 봄바람에 흔들
흔들리는 제부도

조개껍데기 뿐인 백사장
저편 불빛 없는 등대
낙조에 에여 도돌이표 된 갈매기 울음소리
바다 속 라면봉지 빈 캔… 등쌀에 토악질하는 파도
섬은 시름이 깊어만 간다

村老 엄지처럼 뭉툭해진 매바위
전설에 숯불 따라 시름없이 웃는 조개들
소주로 타오르는 밤

갯벌이 보슬비에 귀를 연다

바다에 씨 뿌리는 저들의 가나안 땅
귀 쫑긋 젖은 눈 매바위
씨 품고 누군가를 기다리고 있다

그 강의 끝

도화지가 꿈틀거립니다

굽이굽이 넉넉한 어깨를 가진 우람한 강
그 강 주변에 별 헤는 밤 은하수
잔잔한 물결 위에 노란 반달도 살짝 띄워 놓았죠
그러고도 한참을 꿈의 도화지 가득
교교한 달빛이 휘적시는 갈대밭
뚝방길 자갈밭 뭉게구름 금빛모래 해오라기 나룻배……

참 많은 것들을
강이 있기에, 강을 위해
자신을 문질러 반짝반짝 빛내고 있는 의미
살아 움직이는 그 무엇이랴 그려 넣었죠

늘 그러하듯 오늘도
마음을 색칠해
다이모니온에게 나직나직 다짐한답니다
여보게 난
굽이굽이 넉넉한 어깨를 펼친 우람한 강
강 같은 사람이 될 거야

아니 그 강의 끝이 바로 나란다

폐가에 핀 꽃

계룡산 상신리 산행길
새 주인인 어둠에 내몰린 전 주인
숱한 사연 덜구질하고 떠났을 집
폐가 한 채가 무덤이다
도굴된 무덤 속 널브러진 미라들

앞마당 잡초 사이로 올망졸망 채송화
고즈넉해 해말간 서러운 웃음
바람이 그 위에 앉아 축문을 읽고 있다

조문하듯 가파른 산등성이를 넘으며
산 아래 오던 길 뒤돌아본다
이른 저녁별 폐가에 조등처럼 불을 켠다

무명씨 무덤 앞 상석의 자리
누가 저리도 많은 향의 불 피우셨을까

심우(尋牛)

너는 어디에서 왔느냐
비오는 날의 심우정사

오늘도 나를 찾아
툇마루에 앉는다

산사를 휘감은
넓고 긴 산자락

발 쳐진 낙숫물 아랑 곳 없이
한 눈에 그윽하다

비바람도 숨죽여 지나는 처마 끝

풍경(風磬)도 나를 찾아
잠이 들었다

목초(木草)*도 나를 찾아
잠이 깨었다

* 계룡산 심우정사에서 입적 전 세간에서 불려 지던 스님 이름

방귀

뱃속의 오묘한 조화, 항문을 통해 내쫓긴 가스체
그냥 뿌우웅! 눈치껏 뽕! 상대와 체면 튼 줄방귀……
엔도르핀 버무린 카타르시스
꼬맹이들에게 들려주면 틀림없이 배꼽 잡는 얘기

때론 어른과 아이임을 구분케 하는 장의 꿈틀운동

방귀 잦으면 똥 싸기 쉽고 방귀뀐 놈이 성낸다는 속담
세상살이 고저장단이 은근히 베인 말
어른들 귀엔 개복수술 후 방귀소리처럼 솔깃한데
속내 없는 아이들에겐 아무렴 어때
마냥 만화영화 만화책 같은 재미인 걸

그렇게 언제 어디서든 형편 따라 힘줘 뀌도
이따금 허물없던 추억거리 생각나게 하는 방귀
하지만 파고 높은 우리네 삶을 살며 살아가며
은인자중 뀌야할 방귀라면?

심보 속 삐진 가치관이 터져 나오는 콧방귀

귀수(龜手)

왕복 12차선 육교를 오르다
난간에 걸린 플래카드를 보았다
펄럭이는 속에서 축구선수들이 공을 차고 있다
경주마 같은 선수들 박진감 넘치고
박음질된 초대형 플래카드
황소바람에 맞서 입심 좋은 문풍지다

육교 아래 씽씽 오가는 차량들
문득 뭔가 복잡하게 뒤엉킨 곳에 시선이 멈췄다
플래카드 뒤
난간에 네 모서리를 꽁꽁 묶어
꽉 잡아 뻗친 힘줄 굵은 막대기와 밧줄

한때는 축구공처럼 튀어나가고 싶었던 나
세상을 축구공처럼 차고 싶었던 때도 있었다
한동안 발걸음을 멈추고
부연 공중누각 속 눈부처를 물끄러미 바라본다

복잡하게 뒤엉킨 자식을 동여매고 휘달리시는데도
괜스레 모난 내 손모가지로 흘려 잡던
세상에서 가장 듬직했던 그 시절 그 팔뚝

니 무신 밥 묵었노

생전에 성철스님이
산은 산이요 물은 물이다 하셨지

경이로움, 실존, 無……
世人의 마음에 잔잔한 화두로 남아있지

장바닥을 떠돌던 거지도 마냥 부러워
산은 산이요 물은 물이다 베껴먹으며 돌아다녔지

사바세계의 냉소와, 야유, 무시……
世人의 舌(설)에 치여 죽을 수밖에

죽자마자 그 거지는 스님께 달려가 따졌어
탁발하긴 마찬가진데
스님은 화두고 왜 저는 허튼소리죠?

빙그레 웃으시며 스님은 말하셨다나

내는 그 말을 무두질로
평생 묵고 살았고
니는 그 말을 동냥질로

평생 묵고 죽었제?

이 돔(설)거지야!

메밀묵찹쌀떡(1)

메미일무우욱! 참싸알떠어억!
발길 뜸한 막다른 골목길
우리 집 창문 울리던 구수한 소리
누굴까?
쿨럭쿨럭 몸살감기 아랑곳없이
황소바람 창문 새로 빠끔 내다보면
녹슨 목 길게 뺀 가로등 허름한 불빛
가물가물 호롱불 총총히 사라지던 그림자 하나

대한(大寒)폭설에 늦은 밤 가랑비 뿌려져
휘돌아 길게 물든 하얀 꼬리 골목
사각사각 거리는 발자국소리
메미일무우욱! 참싸알떠어억!
두 소리 가득 내 뇌리에 버무려져
시장기 가로등처럼 고개 내밀던
지금도 귓전에 들려오는 그 소리

불혹도 끝 간 나이

아스라한 어린 시절 골목집 생각에
오늘도 가슴 흠뻑 취한 밤

비틀비틀 인사동 어느 호프집을 나서는 내게
환청처럼 들려오는
메미일무우욱! 찹싸알떠어억!

어느덧 추억은 골목집號 기차에 올라
11번 회상자리에 봇짐을 내려놓는다
그래 그랬지 그 시절
배가 출출해지는 밤 무렵
이따금 골목을 울리던 메밀묵찹쌀떡소리

메밀묵찹쌀떡(2)

메밀묵 아저씨! 대문 향해 휘달리던 엄니 구령 소리
안방으로 돌격하는 여섯 개 환호성의 신호탄이 되었지

둘러앉아 도란도란 오물오물 한 양재기 가득
마파람에 게 눈 감추는 일등 먹보였던 내가
메미일무우욱! 찹싸알떠어억! 흉내 내는 앵무새 재롱에
고달픈 하루 접은 여덟 식구 얼굴 함박꽃 피고
근엄함이 한풀 꺾인 아버지까지
흉내 내기 승리를 위한 끈질긴 선수가 되어버렸어

지금도 아득히 귓가를 맴도는 심판
엄니 목소리
내야 새끼막둥이 일등! 우리 강아지 또 일뜨으응!
함성 같은 울림은
휘영청 달 밝은 앞마당 나뭇가지마다
흐드러지게 핀 雪花를 툭툭 떨어뜨렸고
막춤 추는 내 엉덩이 토닥거리며
 잔 실가지 미소 띤 엄니 얼굴은 연분홍빛 복사꽃 얼굴이었어

 세월은 덧없이 흐르고

때론 여울져가는 生의 길목에서도
송이 눈 내린 밤 그 시합의 추억은
우리가족 열여섯 새끼손가락 꼬옥 걸게 하는
담백하고 시원한 복음 쫄깃한 주문(呪文)이 됐지

언제든 그 호롱불 내 가슴에서 오롯이 타오르고 있는

그 분꽃 향기는

어머니는 앞뜰에 핀 분꽃을 참 좋아하셨다

미풍에 별빛마저 살랑대는 한여름 저녁
대청마루로 올라온 그윽한 분꽃향기는
엄니 무릎 베고 잠에 빠지는 내게 다가와
모기 쫓는 부채바람에 하느작거렸다
한걸음에 달려가 만발한 분꽃에 코를 박고픈
연분홍 노랑 하얀 미소 수줍은 몸짓으로

어릴 적, 은은한 달빛 적신 분꽃 같았던 어머니
어느새 중년인 아들 손을 부여잡고
화장…시…일 희미한 신음소리
어금니 악물고 병실 침대에서 일어나려 안간힘이다
무말랭이처럼 말라버린 손 마디마디
어디서 그린 힘이 솟는지……
수 삼년 치매에 대, 소변 단어는 생소하지만
요강! 똥! 오줌! 소리는 익숙한지 찌푸린 눈빛 잠잠
힘 풀린 손, 찌푸린 몸 아무렇게나 스러진다

뜨거운 차 한잔 마실 정도의 시간마다
화장…시…일

밤 세워 아침까지 한결같은 그런 정신력이었기에
평소 대, 소변도 가리고
머릿속에 각인된 몇 개 추억만을 애창곡 삼아
공들였던 자식들과 수없이 되풀이 대화도 하며
뒤죽박죽 어우러져 그런대로 사셨나보다

어머니! 똥, 오줌 그냥 눠요 싸래두!
여긴 병원이야 괜찮아! 괜찮아요! 소리쳐도
역시 화장…시…이일
웅얼거리며 세파에 짓눌렸던 풀잎 일어나신다
요강! 요강! 밑에 있어요! 그냥 싸세요 싸두 돼!
내 고함 같은 소리에 고개는 끄덕이지만
퀭한 눈빛
뭔가 호소하는 듯 처연한 어머니 눈과 마주칠 땐
갈피 잃은 눈, 눈시울에 부연 안개 속절없이 서린다

가시려나 웬 검은 변이 이렇게
중얼거리는 아내가 성인용 기저귀를 갈 때마다
차암 별일이다 내가 별일이야……
무의식중에도 일생동안 누구에게든
부끄럽지 않았을 그곳을 자꾸 가리려고

하의를 끌어올리는 듯 하늘거리는 손동작
처음이자 마지막으로 망연자실 쳐다보는 내 근원
지금은 말라 비틀어져 버린 옹달샘 그곳
한때는 풍성했을 生의 양수를 뒤집어쓰고 나왔을 난
고고지성 내며 이 세상을 시작했겠지

다리 좀 번쩍! 비명 같은 아내의 말에
때 아닌 상념에서 깬 난
뼈만 앙상한 두 다리 높이 치켜든다
코를 찌르는 냄새
옆 침대 간병인 아줌마 얼굴이 편치 않다
그런데 내 코는 별일이다
분꽃향이 섞여 있는 것 같은 냄새

에구 향기도 좋지 분꽃이 참 많이도 피었구나
막둥아 나 죽거든
무덤가에 분꽃을 울타리같이 심어주렴
어이구 내 새끼 그럴려면 어서 커라, 어서 커
내 똥강아지! 막둥이
무릎베개 잠결 속 꿈나라에서도 피어나던
그 분꽃

머릿속에서 그 시절 생생한 엄니 목소리와 버무려져
소용돌이친다 만발하고 있다
결코 막연하기만을 바랐던 두려운 그날인 지금
코를 찌르는 분꽃향에
복받치는 먹먹한 가슴 사정없이 도려내며

다시 분꽃은 피고

앞마당 분꽃들은 감나무 까치밥 몰골이 됐다
어머니는 며칠 동안 아버지에게 분꽃타령을 앙칼지게 해댔다
나는 매년 그런 아버지 행동이 어이없어 캐묻고 싶었다
머리에 피도 안 마른 녀석이! 불호령만 머릴 맴돌아 꾹 참았다

크고 작은 일곱 행성의 태양에게 뒤켠 해바라기만 고개를 돌리던 시월
무성한 분꽃 이파리들이 머리채 뜯겨나가듯 버려졌다
아버지의 눈높이만큼 자란 내가 퉁명스레 물었다
아버지 왜 이파릴 다 뜯어버렸어요?
질끈 담배꽁초를 물고 잎을 쓸다 힐끗 쳐다보던 무심한 눈빛
가물가물 담뱃불보다 더 밝게 타는 빛이었다

막둥아 나 죽거든 무덤가에 분꽃을 심어주렴 하던 엄니
서울근교 공원묘지, 오른편 아버지 쪽은 해마다 전멸
왼편 어머니 분꽃은 수줍게 만발
어머니의 분 냄새가 무덤가에 달빛처럼 쏟아진다

분꽃 씨를 받으며 지금도 아버지께 묻고 싶다
다 큰 나무처럼 앙상한 분꽃
이파리 없는 분꽃들이 왜 그리 속 시원하게 보이는지
나도 때론 아버지 같은 눈빛을 왜 보내야 하는지

무거운 찐빵

어릴 적 우리 집 골목입구엔 꾸러기네 찐빵집이 있었지요
학교를 오갈 때면 부푼 내 마음을 늘 설레게 하던 찐빵집

등교시간 땐 진열장이 텅 비어있어도
화수분 같은 아저씨의 요술쟁이 손놀림이 떠올랐고
하교시간 땐 아지랑이 피어오르는 하얀 얼굴들이 너무 예뻐서
만져 보고픈 마음 꾹꾹 누르고 보고만 있었지요

눈길도 떼지 않고 부르튼 얼굴로 우두커니 서있던 내가
엄니 손에 이끌려 찐빵 한 개 손에 쥐고 집으로 향할 땐
부처님 같은 엄니미소에 내일 또 라는 믿음이 생겼고
눈 쌓인 골목길은 엄니 이처럼 반짝이는 매끈한 길이었지요

세월도 나이 따라 모락모락, 아빠가 된 지금
한 개 아닌 한 봉지 가득 달콤함을 안고 있어서일까요
가벼운 발걸음 문득
"아빠! 다음엔 피자 차례야 알지?" 부르튼 얼굴 떠올리며
그리움 무겁게 쌓이는 천덕꾸러기 찐빵봉지를 안고
43층 골목길을 우두커니 기대어 오른답니다

사진 속에 바람이

눈가에 눈물 한 방울 찍고 가버리신 어머니
사진 속에 시린 바람이 인다

겨울도 깊은 저녁노을 빛 뿌린 솔밭 앞
무너져 내릴 것 같은 공원벤치
그 위에 앉는 듯 마는 듯
아들이 찍어준다는 사진 한 방이기에
온몸 쏠린 꼬부랑 지팡이
쭈글쭈글 웃음 그리는 어머니 얼굴에도

바람이 인다

"남는 게 사진밖에 없어야……"
셔터를 누르던 내 귓가에
당신 가신지 몇몇 해 지난 오늘에야
사진 속 황혼 저 편에서
천둥치고 있는 그 말씀

휑한 바람결에 아득히 울린다

지독한 향수

나는 마케팅을 강의하는 교수
10년이면 서당개도 풍월을 읊는다는데
10×2에다 5년을 더한 진절머리 나는 경영학교수
그런데도 경영학으로 심금 한번 울리지 못한다
그저 봉황새끼 같은 학생들에게
마케팅이란 무엇인가? 풍월인 것처럼
머릿속 고물카세트 재생버튼을 눌러대고 있을 뿐

이 글을 읽고 있는 독자들이여
심금을 울리는 마케팅이 무엇인 줄
여러분들의 구매심리를 움직이는 주체가
진정 누구인 줄 아시는가

삼경 야심한 시간
술김에 예를 들어 마음속 풍월을 읊노니
어화 둥둥 그 주요 당사자들은
한결같이 시인이라는 부류로소이다
詩로 시장을 움직이려고 하는 못된 판매자들
어찌 감히 돈 한 푼 안 되는 詩로, 시집으로
심금을 움직이려 하누

죽어서도 시인 정지용처럼 넓은 벌 사방팔방
영혼불멸의 향수를 뿌려댈 지독한 생산자들이

총알기도

수원시 팔달문 근처 재래식 지동시장
날씨만 쾌청했지 너무 추웠어
영하 12도
새벽을 여는 좌판 얼굴들
둘러서서 장작불에 던지는 불쏘시개의 말
아! 춥다 추워!
수수한 삶 덩어리 묶은 보따리 풀어헤치고
힘겨운 말울음 소리 칼바람에
몸뚱어리 외투로 동여맨 망부석들
세월에 여울진 가방 같은 얼굴
맞물린 지퍼 입술
한결같은 바램의 총알기도에도
반짝 천사된 손님들 따라
날개 돋친 삶들만 이따금 날러가는 오후
양초 먹인 지퍼 열듯 이구동성
뼛속까지 스미는 말
아! 춥다 추워!
언제나 골병 빠진 돈 전대 허리에 매나

내 안에 사는 풍경

갈 때마다 참 이상한 동네
디카 속 풍경은 리모델링 새 그림
내 머릿속 풍경은 빛바랜 흑백필름

여긴 방앗간 건너 할매떡집 삼거리시장 앞 아이스케키집
도랑 건너 웅이네 제재소 저긴 내 단짝 뚱땡이 붕어빵집
골목입구 구공탄집, 우리이발소 옆 만화가게, 마다
흘러나오던 잡음 섞인 트랜지스터 라디오소리
이곳저곳 모든 것 그때 그대로
주마등처럼 스쳐간다
마법 걸린 발걸음 동네 한바퀴
돌고 또 돌고
눈부처 좁은 골목길
머릿속 미운 일곱 살 걸어 나온다

케케묵은 추억에 박힌 빽빽한 다이얼
반짝이는 향수로 윤기 내고
이리저리 주파수 맞춰보면 또렷해질까
고주파 저주파 뒤엉켜 찍찍거리는
내 마음에 둥지 튼 30년 전 풍경

[해설]

성찰과 사유의 고전적 힘

유성호(문학평론가, 한양대 교수)

1.

하명환 시인의 첫 시집 『신(新) 브레인스토밍』은 오랜 세월 갈무리해온 사유와 감각을 진정성 있게 노래한 매우 귀중한 결실이 아닌가 한다. 그의 시법(詩法)은 일견 해체 시형을 연상시키는 다양한 감각의 파격 속에서도, 그 성찰과 사유의 근저에서 매우 고전적인 정공법을 구사하는 특성을 두루 보여준다. 이러한 형식과 내용의 비대칭적 결속을 통해 시인은 일정한 미학적 목표를 추구하게 되는데, 그것은 근대적 합리성에 대한 비판적 사유를 통해 자신의 어떤 본원(本源)에 가 닿으려는 충동에 의해 수행되고 있다. 말하자면 오랜 시간의 흐름에 따라 서서히 지워져간 자신의 존재론적 기원(origin)을 치열하게 탐색하면서, 우리 시대를 유추적으로 성찰하는 남다른 힘을 일관되게 보여주는 것이다. 그 점에서 하명환 시인의 돌올한 개성은, 첫 시집이 항용 보여줄 법한 자신의 내력(來歷)과 기억을 경영학 용어로도 충실하게 담아냄은 물론, 매우 독특한 현실 인식의 음역(音域)까지 선명하게 구성해 보여준다 할 것이다. 또한 그는 이러한 사유와 감각을 자신의 전공학문과 관련된 마케팅어휘를 원용하여 매우 독특한 이미지로 발화하는 특성을 지속적으로 드러낸다. 이 글에서는 하명환 첫 시집의 이러한 외관과 실질을 실물적으로 추출하는 동시에, 그것을 통해 시인이 어떻게 자신의 존재론적 기원을 탐색하고 유추하는지를 읽어보려고 한다.

2.

원래 시적 사유와 감각은 숭고와 긍정의 방향으로, 조화와 균형의 방향으로, 심미적 효과를 이루는 방향으로 조직되어가는 경우가 많다. 하지만 현대시로 올수록 이러한 주류적 흐름이 감쇄하면서 오히려 비속성이나 일탈이나 부조화 등이 대항적인 시적 사유와 감각으로 나타나기도 하였다. 이때 시적 사유와 감각의 새로움(novelty)은, 말할 것도 없이 시의 성패를 가르는 매우 중요한 관건이 된다.

물론 하명환 시인의 음색은 숭고와 긍정과 조화와 균형을 추구하며 심미적 효과를 욕망하는 쪽에 서 있다. 하지만 그는 이러한 내질(內質)들을 매우 민활하고 역동적인 감각의 새로움 속에 담아냄으로써, 단색(單色)의 단정함으로부터 훌쩍 벗어나 있다. 오히려 그는 매우 감각적인 일탈과 부조화의 발상을 통해, 시를 그 자체로 읽을 만한 물리적 실재로 탈바꿈시키려는 일관된 미적 야심을 보여주는 시인이다. 그 가운데 하나가 '자연' 형상을 통한 감각적 표현이라고 할 수 있는데, 그의 사유와 감각은 자연 형상의 속성을 매우 새로운 이미지로 드러내면서 자신의 시적 개성을 형성하게 된다. 그만큼 시인에게 자연 형상은 순수한 관조의 대상이 아니라, 자신의 사유와 감각을 투사하는 상상적 실재인 동시에, 인간 보편의 존재론을 성찰케 해주는 물리적 상관물이 되기도 한다. 다음 시편을 읽어보자.

눈엔 흐드러진 봄
머리는 겨울

만년설에 빙하인 마음
북극 같은 몸이다

그래도 이따금
빙하에 스미는 햇살
얼어붙은 겨울의 날개 녹인다

목줄 걸린 四季 거기
그렇게 비상해야 할
내 66.5도

빛 같은 어둠
그 눈부신 백야(白夜)를

연출해두고
　　　　　　　—「북극을 날아라」 전문

  시의 화자는 '눈'에는 봄을, '머리'에는 겨울을, '마음'에는 만년설과 빙하를, '몸'에는 북극을 비유적으로 상응(相應)케 하였다. 이따금씩 빙하와 겨울을 녹이는 따사로운 햇살이 북극을 비추는 그 순간, 마음과 몸을 함께 녹이는 햇살에 겨울의 날개도 녹자, 화자는 "빛 같은 어둠"으로 편만한 "눈부신 백야(白夜)"를 관통하여 산뜻한 비상을 욕망한다. 가벼운 상승과 비상의 탄력을 통해 어둠을 감싸안은 빛을 '북극'이라는 커다란 스케일 안으로 불러 모은다. 그만큼 이는 자연 사물의 커다란 스케일을 새로운 감각으로 표현하는 것이 하명환 시편을 형성하는 양도할 수 없는 기율임을 암시적으로 보여준다 할 것이다.

    비 내리던 동지 섣달 밤 휘이잉 찬바람에
    취객 된 싸라기눈 紛紛한 내 마음속을 싸댄다
    겨울요정들의 폭죽놀이를 술주정으로 착각했었나?
    넓은 앞마당에 쌓인 눈이 지난밤 내 속내완 달리
    설렘에 덮여 반짝이는 신기루뭉치이다
    예나 지금이나

    호기심에 처녀림을 밟듯 마당을 꽝꽝 밟는가
    뽀드득 소리가 요술램프인 추억을 문지른다
    아련한 연기 속에 나타난 램프 속 황소만한 하인요정
    두런두런 함께 눈사람을 만든다

뒤곁 자투리 채마밭까지 돌며 몸통과 머릴 만들고
아궁이 속 장작 숯 쪼가리로 눈썹, 눈, 코, 입 붙이고
누구에게 한 번도 빌려줘 본적 없는 귀마개도 씌우고
자치기막대기로는 두 팔을
장독대 조약돌은 몸통 가운데에 단추로 박고
마지막으로 팽이 끈 풀어 벙거지까지 씌운다

드디어 완성된 그 큰 눈사람, 기쁨도 잠시
램프 속으로 빨려들어가는 하인을 보는 난
부루퉁한 부룩송아지가 된다

한마당 마당 굿처럼 지난시간이 바로 앞인데
먼 옛날에나 뭉쳐본 것 같은 똑같은 흔적 찾아
초점을 맞춘 눈이 휘둥그래진다 아니? 눈사람이 없다!

마당엔 싸락싸락 다시 내리는 싸라기눈

―「큰 눈사람」 전문

  취객처럼 내리는 동지 섣달 밤의 싸라기눈이 "紛紛한 내 마음속"을 감싸 안는다. 마치 겨울요정들의 폭죽놀이처럼 내리는 눈발 속에서, 화자는 넓은 앞마당에 쌓인 눈을 "설렘에 덮여 반짝이는 신기루뭉치"로 생각하게 된다. 처녀림을 밟듯 마당을 꽝꽝 밟는 소리는 "요술램프인 추억"을 문지르는 소리로 들린다. 그렇게 램프의 연기와 함께 나타난 하인 요정과 화자는 '눈사람'을 만든다. 하나하나 눈사람의 외관을 만들어가니 "그 큰 눈사람"이 완성되었다. 하지만 하인

요정은 다시 램프 속으로 사라져버리고, "먼 옛날에나 뭉쳐본 것 같은 똑같은 흔적"처럼 '눈사람'도 사라지고 없다. 마당에는 다시 싸락싸락 싸라기눈만 내린다. 결국 이 시편은 '눈사람'이라는 낭만과 상상의 표상을 마치 신기루뭉치처럼 만들어가다가 그것이 속절없이 사라져버리고 지금은 존재하지 않는다는 비애를 함께 표현한 가작(佳作)이다. 이렇게 상상과 기억을 교직하면서 만들어낸 감각의 단상이 이 시편 안에 있는 것이다.

이러한 시인의 목소리는 "애드벌룬의 플래카드가 펄럭이는 만장(輓丈)"(「특구」)처럼 "꺼져버린 내 심지에 다시 불"(「샤프란 저 너머」)을 당기는 순간을 열망하면서, 깊고 고전적인 "사유로 구하는"(「연립 방정식」) 성찰의 차원을 환기하게 된다. 커다란 스케일과 감각의 밀도를 지닌 언어를 통해, 하명환 시편들은 이처럼 심미적인 새로움을 애잔하고 아름답게 보여준다.

3.

우리가 잘 알듯이, 모든 '기억(記憶)'이란 자신이 겪은 경험의 잔상(殘像)에 의해 형성되고 보존된다. 그래서 우리는 강렬한 기억으로 인해 결코 잊을 수 없는 일들을 저마다 가지게 된다. 자신의 몸 속에 새겨진 그 많은 기억들은 (무)의식의 심층을 현저하게 구성하면서 부단히 삶의 준거가 되어준다. 이러한 기억들은 하명환 시인에게도 "사막 같은 우리들 가슴은 푸른 백사장"(「내 노래방 높은음자리표」)으로 비상해가는 에너지를 선사한다. 그의 시편이 자신의 존재론적 기원을 향해 뻗어가고 있음을 알게 해주는 시편들에 그러한 에너지가 견고하고 활달하게 채워져 있다.

저녁 노을에 고개 숙인 장터 간판들
그들의 땀은 비지땀이 아니다
가슴을 그믐달로 치며 흘리는 눈물이다

은하수 물결에 출렁이는 젖은 눈망울
텅 빈 좌판 위를 속절없이 배회한다
장돌뱅이의 술수 높은 높새바람, 시커먼 흙먼지에
넌덜나 눈 감아버린 장터 간판들
좌판 위 검뿌연 염원
제 글씨 잃은 간판들의 빛바랜 그리움이다

오늘밤도 은하작교 좌판에 몰려든 별꽃들
품바타령이 절로 나온다
솟구쳐 올라오는 이 떼거리 신명에
동병상련 견우 직녀
오작교 무지개초롱 그리고 또 지우고
까막까치 땀처럼 흐르는 눈물 손사래 쳐 뿌린다

뿌려진 가랑비에 씻겨 부연해진 염원
푸른 날개 부비며 쌍무지개 창공을 치오른다
신명난 케케묵은 간판
숱한 세파 모질게 견뎌오다 처든 고개

아궁이속 같은 얼굴, 여명으로 벅벅 문지른다

아침노을에 제 글씨 내민 간판들
사방팔방 별꽃 풍각쟁이 금박 뜬 얼굴이다
―「글씨 없는 간판」 전문

서정적 발화(發話)는 개별 발화로서 근본적으로 독백적 성격의 것이다. 그래서 서정적 발화는 일종의 개별적인, 자체 내에서 완결된 표현을 나타내주는 어떤 것이다. 시인들은 일차적으로는 서정적 발화를 통해 자신이 살아온 시간들을 되새기고, 그 시간이 남긴 흔적과 무늬가 자신의 생의 형식임을 새삼스럽게 노래한다. 하명환 시인은 자신이 살아온 오랜 시간에 대한 깊은 회억(回憶)을 통해 보편적 삶의 이법(理法)을 성찰하는 면모를 두루 보여주는데, 이 작품이 그러한 실례라 할 것이다.

이 시편의 화자가 바라보고 있는 것은 "저녁 노을에 고개 숙인 장터 간판들"이다. 화자의 시선에 비친 간판들에는 눈물이 얼비치고, "은하수 물결에 출렁이는 젖은 눈망울"은 텅 빈 좌판 위를 흘러간다. 이때 "제 글씨 잃은 간판들의 빛바랜 그리움"은 화자의 기억 속에 있는 풍경 재현의 욕망이자, 이제는 물질만능주의에 의해 그러한 것들이 사라져버린 우리 시대의 불모성에 대한 우회적 비판 욕망이기도 하다. 그래서 솟구치는 신명과 눈물을 결속하면서 화자는 "푸른 날개 부비며 쌍무지개 창공"을 치오르는 상상을 이어나간다. "숱한 세파 모질게 견뎌오다" 마주친 낡은 시간 속에서 "아침노을에 제 글씨 내민 간판들"은 이제 화자의 기억 속으로 다시 아득하게 잦아들어간다. 이처럼 하명환 시인은 오랜 것들에 대한 선연하고도 깊은 기억을 통해, 한 시대의 증언과 한 시대의 역설적 예기(豫期)를 동시에 치러낸다.

> 계룡산 상신리 산행길
> 새 주인인 어둠에 내몰린 전 주인
> 숱한 사연 덜구질하고 떠났을 집
> 폐가 한 채가 무덤이다
> 도굴된 무덤 속 널브러진 미라들
>
> 앞마당 잡초 사이로 올망졸망 채송화
> 고즈넉해 해말간 서러운 웃음
> 바람이 그 위에 앉아 축문을 읽고 있다
>
> 조문하듯 가파른 산등성이를 넘으며
> 산 아래 오던 길 뒤돌아본다
> 이른 저녁별 폐가에 조등처럼 불을 켠다
>
> 무명씨 무덤 앞 상석의 자리
> 누가 저리도 많은 향의 불 피우셨을까
> ―「폐가에 핀 꽃」 전문

계룡산 산행길에서 화자는 어둠에 내몰린 "폐가 한 채"를 발견한다. 마치 무덤처럼 폐허가 된 그 집은 "도굴된 무덤 속 널브러진 미라들"을 드러내면서, 잡초 사이로 피어난 꽃과, 서러운 웃음으로 축문(祝文)을 읽는 바람에 둘러싸여 있다. 이제 "이른 저녁별"이 폐가를 조등(弔燈)처럼 비추는 때에, 상석에 피어난 많은 향의 불도 '폐가에 핀 꽃'을 온통 감싸고 있다. 이처럼 어떤 기운도 없을 것 같은 폐가에서, 화자는 무량한 시간의 고단한 삶이 무르녹아 있음을 노래한다. 물론 모든 사물은 일정한 시공간 속에 존재하다가 사라져간다. 그 어떤 사물도 순간적으로 존재했던 것에 지나지 않는다. '폐가'라는 소멸해가는 실재를 통해 시인은, 유한한 삶 속에 웅크리고 있는 불모의 기억과 함께, 어김없이 생동하는 생명력을 역설적으로 노래한다.

이처럼 하명환 시인은 "녹슨 목 길게 뺀 가로등 허름한 불빛/가물가물 호롱불 총총히 사라지던 그림자 하나"(「메밀묵찹쌀떡(1)」)를 그리워하고, "언제든 그 호롱불 내 가슴에서 오롯이 타오르고 있는"(「메밀묵찹쌀떡(2)」) 것들에 대한 애잔한 마음을 시로 복원해낸다. 그 흔연한 복원 과정이 바로 하명환 시인의 시쓰기 과정이고, 그의 시편들은 그러한 존재론적 기원을 상상적으로 탈환하는 언어적 실체로 거듭나는 것이다.

4.

한 편의 서정시에는 시인 자신의 절실한 경험은 물론, 대상을 향한 한없는 매혹과 그리움이 압축되어 나타난다. 우리는 이러한 시인의 각별한 경험을 통해 자신의 삶을 반성적으로 반추하기도 하고, 새로운 세계에 대한 상상적 경험을 치르기도 한다. 따라서 서정시는 근원적으로 시인과 독자 사이의 경험적 소통을 추구하는 특수한 담화 양식이 아닐 수 없다. 그만큼 서정시의 기능은 감각의 갱신을 통해 사물의 새로운 의미를 재발견하게끔 해주는 데 있고, 다른 한편으로는 시인 스스로 자신을 탐색하고 성찰하는 자기 확인의 속성을 띠는 데 있는 것이다.

하명환 시인의 시작(詩作)은 이러한 양면성, 곧 사물에 대한 새로운 의미 발견과 자신에 대한 반성적 성찰에 두루 걸쳐 있다고 할 수 있다. 그래서 그는 한편으로는 경영학용어가 시에 투영된 자신의 시작이 "몽상을 분석하고 보관"(「꿈물류유한회사」)하는 데 있지만, 다른 한편으로는 자신의 시야말로 "눈감고 흥얼거리는 내 옛 노래 따라/울쑥불쑥 떠오르는 무성영화장면 같은 기억들"(「베란다 달빛에서」)을 꼭꼭 눌러 담는 일임을 여러 곳에서 고백한다. "저 너머 피안/장외로 훌훌 날아가 버리고"(「장외홈런」) 싶어하기도 하지만, "좌판 물건만큼 초라하고 소박한"(「오일장터」) 시간을 거듭 되새기면서 삶을 궁구하고 싶은 속내도 숨기지 않는다. 그의 그러한 치열하고도 섬세한 반성적 사유의 기록을 읽어보자.

> 학생들이 밀려간 빈 강의실 블랙보드
> 조금 전까지 교단 앞을 서성이던 내가 보인다
> 가방에서 나와 희로애락으로 짜깁기 된 얼굴
> 손에 들린 머릿속 무채색 지식
> 유채색 지혜로 바꿔보기 위해 마술을 부리고 있다
> 시계추처럼 흔들리는 넥타이가 경망스럽다

초창기 교단에 서면 첫사랑보다 더했던 부끄러움
여울져 흐르는 당찬 세월에 부스러져갔어도
눈초리 부신 무대 후엔
아직도 땀에 젖은 백묵가루가 내손에 하얗게 묻어난다
그래도 하얀 선 그을 백묵으로
칠판 같은 가슴에 울대처럼 박힌 심지(深智)가
내 몸 어디엔가 조금은 꽂혀져있긴 했나보다, 아무렴

산다는 게 내 위에 나를 덧대는 모자이크 시간

그 시간표 따라 강의실로 밀려오는 꿈에 젖은 발자국들
발걸음을 돌리는 나와 우연히 마주친 눈빛
눈망울 속 저편 은빛초롱 눈길들, 포즈, 재잘거림
정규차선이든 갓길이든
어디선가 본 듯한 한눈에 익은 데칼코마니
　　　　　　　　　　　　　―「데칼코마니」 전문

　이 시편에서 화자는 학생들을 가르치며 다다르게 된 어떤 반성적 '자의식'을 노래하고 있다. 강의가 끝나 텅 빈 강의실 흑판 뒤로 교단 앞을 서성이던 자신을 떠올리던 화자는, 교직자로서의 삶을 "희로애락으로 짜깁기 된 얼굴", "머릿속 무채색 지식", "시계추처럼 흔들리는 넥타이" 같은 상관물로 은유하고 있다. 이러한 관성적인 모습은 곧 화자에게 존재론적 반성의 시간을 가져다주고, 화자는 그것들을 일종의 "유채색 지혜"로 바꾸기 위해 혼신의 마음을 쏟는다. 그 결과 시의 제목인 '데칼코마니'에 다다르는 과정을 이 시편은 아름답게 보여준다.

첫사랑보다 부끄러워했던 교단생활은 오랜 세월 탓에 하나하나 부스러져갔다. 그렇게 지내온 시간을 통해 얻게 된 "울대처럼 박힌 심지(深智)"는, 몸 어디엔가 꽂혀 지금까지 그의 삶을 지탱해왔다. 그때 "내 위에 나를 덧대는 모자이크 시간"이었던 삶을 지나, 화자는 강의실로 밀려온 은빛초롱 눈길들을 통해 다시 지난날의 자신의 모습과 만난다. 그것이 바로 "어디선가 본 듯한 한눈에 익은 데칼코마니"인 것이다.

이처럼 하명환 시인은 "마음속 심지/타오르는 푸른빛 生"(「인적자원관리」)을 힘겹게 고백하면서, 그러한 심지(深智/心志)가 사그러들고 위축된 시간에 대한 가열한 반성을 행하고 있다. 또한 그는 "나는 마케팅을 강의하는 교수"라면서도 "경영학으로 심금 한 번 울리지"(「지독한 향수」) 못했던 생을 회상하면서, "노을도 구부러져 꼬깃꼬깃한 나날들"(「콩멍석」)을 지나 "한 묶음의 추억"(「기러기 Song」)에 가닿으려는 열망을 숨기지 않는다. 언젠가 자신의 생애를 "마음에 드는 첫 문장을 얻기 위해/이브와 아담 금단의 열매 등을 나열해 보았다/백설공주와 일곱 난장이를 현대판 계모여왕이 되어 생각해보았다/스피노자의 사과나무 한그루에 각종 희망을 걸어보았다/여전히 막막한 사과/종교 의학 과학 문학 등의 자료수집도 했다/책상 위엔 사과 자료가 A4용지 20장 넘게 쌓여갔다"(「사과」)라고 요약한 바 있는 그는, 그러한 자신의 모습을 안아 들이면서 이제는 경영학 교수로서의 길이 아닌 스스로 '가고 싶은 길'을 노래하게 된다.

마음 지도 접혔어도 못내 가고 싶은 길
아득한 저 푸르른 동쪽 벌

잦은 강풍 폭우에도 새아침 맞을
탱자나무 울타리 집 짓고
별꽃밭에 숨어버린 해맑은 얼굴들
그믐밤 별 헤듯 찾아보았으면

철따라
개나리 맨드라미 달맞이꽃 분꽃 채송화 들국화……
별빛 탄 내 노래 꽃인 듯 함께 피어나면
초롱초롱 쩡쩡한 밤하늘만 골라
앞마당에 한 마지기 들여놓아보았으면

수만리 싸리울 고향집 같은 길
어쩌다 지나는 길손 있으면
풀벌레소리 가사에 이슬 젖는 내 곡조 엮어
풀내음 한 상 가득 차려내고

깊어가는 삼경 달무리 지는 굴절의 밤

홍두깨 가슴으로 하현달 밀며
흉내 낸 바비큐나마
쪽마루 휘영청 달빛 버무려 구워내고 싶은데

손에 닿지 않는 길

지도 속 저 너머 웃자란 하루

오늘로 수확하고픈 덧없이 부서지는 날들이여

— 「가고 싶은 길」 전문

  비록 '마음 지도'가 접혔다 할지라도 화자에게는 "못내 가고 싶은" 푸른 동쪽 벌로의 '길'이 있다. 강풍이나 폭우에도 견딜 '탱자나무 울타리 집'에서, "별꽃밭에 숨어버린 해맑은 얼굴들"을 찾아보고 싶은 것이다. 철따라 꽃을 만나고, 그 안에서 "별빛 탄 내 노래"가 피어나면, 앞마당에 초롱초롱 쩡쩡한 밤하늘만 한 마지기 들여놓으려 한다. 이때 '별빛 탄 노래'는 별빛을 탄[乘/奏/混] 노래이니만큼, 낭만적 초월을 연상시키는 아름답고 우원(迂遠)한 표상으로 다가온다. 그래서 우리는 그가 꿈꾸는 "수만리 싸리울 고향집 같은 길"을 아름답게 상상하게 되고, "이슬 젖는 내 곡조"를 들려주고자 하는 그의 목소리를 깊이 경청하게 된다. 깊어가는 밤에 쪽마루를 비추는 달빛을 버무려 화자는 "손에 닿지 않는 길"을 상상하고 욕망한다. 우리도 그와 함께 "지도 속 저 너머 웃자란 하루"가 덧없이 부서질지라도 그 '길'로 가려는 외지를 나누어 가지게 된다. 이처럼 하명환 시인은 새로운 감각과 고전적 사유를 통해, 깊은 기억과 성찰의 시학을 지나, 자신의 존재론적 기원을 향한 '길'로 비로소 접어들고 있는 것이다.

5.

하명환 시인은 우리가 무심히 지나칠 수 있는 사물들의 표면을 뚫고 들어가 거기에 깃들여 있는 삶의 진실을 찾아내면서, 자신의 삶과 상처 속에 도사린 잠재적 힘의 가능성에 대해 깊이 주목한다. 바로 이 점이 이번 시집으로 하여금 긍정적 삶의 자세를 잃지 않게 하는 근원적 까닭이라고 할 수 있을 것이다. 그렇게 그는 오래도록 "그리움 무겁게 쌓이는"(「무거운 찐빵」) 세월을 넉넉하게 안아들이면서 "마음에 둥지 튼 30년 전 풍경"(「내 안에 사는 풍경」)까지 혼신을 다해 재현하고 있는 것이다.

첨언하자면, 이번 시집에는 아픈 기억으로 돌아보는 "눈가에 눈물 한 방울 찍고 가버리신 어머니"(「사진 속에 바람이」)에 관한 절창들도 여러 편 있다. 또한 마케팅어휘를 이용한 새로운 감수성과 언어로 활달한 우주적 스케일과 언어의 난장(亂場)을 보여준 개성 있는 실험 시편들도 여럿 있다. 이 글이 지면 관계상 고전적 사유와 서정성에 집중하여 의미론적으로 경영학 관련 시에 대해 상세히 포괄하지는 못했지만, 이러한 경영학적 개념들이 접목된 작품들의 개별적 완결성 또한 두고두고 평가받아야 할 것이다.

하지만 우리는 이번 시집에서 단연 빛을 발하는 하명환 시편의 독자적 권역은, 무엇보다도 가파른 삶을 진중하게 '성찰'하는 고전적 '사유'의 힘에 놓여 있다고 말할 수 있다. 바라거니와, 더욱 새로운 감각을 통해 이러한 성찰과 사유의 고전적 힘이 깊은 형상을 얻어, 그의 독특한 경영학적 사유와 함께 두 번째 시집으로 아름답게 이어져가기를 깊이

희원해본다.